Franziska Tenzer

Die Macht deiner Gedanken

Franziska Tenzer

Die Macht deiner Gedanken

Der einfache Weg zu deinem Traumleben

Wie du mit deinen Gedanken mehr Erfolg, mehr Reichtum und mehr Wohlbefinden in dein Leben bekommst

Bibliografische Information der Deutschen Nationalbibliothek:
Die Deutsche Nationalbibliothek verzeichnet diese Publikation in der
Deutschen Nationalbibliografie; detaillierte bibliografische Daten sind im
Internet über http://dnb.dnb.de abrufbar.

© *2018 Franziska Tenzer*

Umschlaggestaltung: **Franziska Tenzer**

Herstellung und Verlag: BoD – Books on Demand, Norderstedt

ISBN: 978-3-7481-5151-7

Widmung

Dieses Buch widme ich meinem Mann Michael und unseren drei gemeinsamen Kindern Katharina, Kassandra und Klarissa. Erst durch euch ist mein Leben komplett. Ich liebe euch von ganzem Herzen.

Danksagung

Ein ganz großer Dank geht an meine Freundin Antje, durch die ich mich auf den Weg zu einem positiven Leben gemacht habe und die mir bei diesem Buch beratend zur Seite stand. Einige Beispiele aus ihrem Leben durfte ich ebenfalls nutzen. Vielen Dank für die vielen schönen gemeinsamen Momente mit dir.

Ebenfalls ein Dank geht an Eileen und Reiner, die so freundlich waren Korrektur zu lesen und Verbesserungsvorschläge hatten.

Inhalt

Vorwort

Als teilzeit-alleinerziehende Mutter von drei wundervollen Töchtern, die im Abstand von 1 ¾ Jahren und 2,5 Jahren geboren wurden, kenne ich die kleinen und größeren Herausforderungen des Alltags. Mein Mann arbeitet als Lokführer im Schichtdienst deutschlandweit. Ein oft gehörter Spruch ist „Der Mensch wächst mit seinen Aufgaben und Herausforderungen". Diesem kann ich nur zustimmen und es gibt viele Möglichkeiten, an sich selber zu arbeiten. Ich habe mich auf den Weg gemacht, um selber zu wachsen und mein Leben positiver werden zu lassen.

Ich habe mich über die Jahre mit verschiedensten Dingen beschäftigt und so mit der Zeit einen umfangreichen Zusammenhang erkannt. Da ich merkte, dass dieser Zusammenhang den meisten Menschen nicht klar ist, kam die Idee, darüber ein Buch zu schreiben. Ich möchte vor allem zeigen, wie die eigenen Gedanken das Leben beeinflussen und wie diese gesteuert werden können. Damit so viele Menschen wie möglich ihren Traum vom Leben verwirklichen können. Wenn immer mehr Menschen anfangen wirklich positiv zu denken, wird es für alle gemeinsam besser und so können wir den Planeten gemeinsam zu einem schöneren, friedvolleren Ort machen.

Vor allem möchte ich mit dem Buch einen Gesamtüberblick und Denkanstöße geben. Natürlich sind weitere Vertiefungen in jedes Thema möglich.

Einleitung

Zu Anfang möchte ich einige Begriffe erklären, damit das Buch besser verständlich wird. Das Große-Ganze nenne ich hier Universum. Manche bezeichnen es auch als Gott, Alles-was-ist oder pure liebevolle Energie. Vielleicht hast du dafür auch einen anderen Namen.

Das Unterbewusstsein und das Universum kennen kein "nicht", "kein", etc. Um es dir zu verdeutlichen: Stell dir keinen grünen Elefanten vor. Was passiert? Aller Wahrscheinlichkeit nach hast du gerade für einen kurzen Augenblick einen grünen Elefanten gesehen, bevor du dir was anderes vorgestellt hast. Das Gleiche machen das Unterbewusstsein und das Universum auch, deshalb ist die richtige Formulierung so wichtig. Eine positive Absicht kann auch mit Hilfe von Wörtern wie „nicht" formuliert werden. Negative und positive Formulierungen haben nichts mit dem Wort „nicht", „kein" etc. zu tun, sondern mit der Wirkung der jeweiligen Aussage. Hier ein paar Beispiele dafür.

negative Formulierung und Wirkung

„Das ist nicht schwer!" Wird vom Unterbewusstsein so gewertet, dass es schwer wird.

positive Formulierung und Wirkung

„Das ist nicht leicht!" Durch diese Formulierung wird es

wirklich ganz leicht, wie im Schlaf.

Gerade in Bezug auf Kinder ist die richtige Formulierung wichtig. Wenn Kinder direkt von Anfang an lernen, wie etwas leichtfällt und positiv formuliert wird, fällt ihnen später alles leichter. Die meisten Eltern wollen doch gerade, dass ihre Kinder es einmal leichter haben und mehr erreichen.

Babys werden dazu ermutigt, dass sie neue Dinge können wie z.B. krabbeln, laufen lernen etc. Wenn das bei allen Kindern und selbst bei Erwachsenen beibehalten wird, kannst du andere Personen dazu ermutigen, Dinge zu vollbringen, die sie selber vielleicht gar nicht für möglich gehalten hätten.

Einige Beispiele für bessere Formulierungen.

„Sei nicht so laut" lieber durch „Sei bitte leise(r)" ersetzen.

Statt „Schrei nicht so rum" verwende lieber „Rede bitte in einer normalen Lautstärke".

Die Aussage „das dauert nicht lange" gerade in Bezug auf Computerprobleme, kennst du bestimmt und weißt, dass es meist länger dauert als du selber erwartet hättest. Eine bessere Formulierung wäre hier „das geht (nicht) schnell".

Bei Arztterminen, gerade wenn es um Fachärzte geht, ist die weitverbreitete Meinung, dass es lange dauert. Wenn du stattdessen ebenfalls denkst „das geht nicht schnell", kann es gut möglich sein, dass du den Termin schon eine Woche später hast.

Gerne wird bei Festen zu viel Essen vorbereitet, weil jedes Mal gedacht wird „das reicht nicht", egal wie viele Personen das Essen zubereiten. Selbst wenn wirklich einmal weniger gemacht wurde als sonst, hat es trotzdem gereicht. An der Stelle wird eindeutig klar, dass das Wort „nicht" einfach übergangen wird. Dadurch ist immer genug Essen vorhanden.

Wir hatten das einmal an Weihnachten, als das vorbereitete Essen abends schlecht war und wir aus dem, was noch im Kühlschrank war, etwas Leckeres gezaubert haben und alle satt wurden.

Mit mehr Übung und Fokus darauf, fällt es auch dir zunehmend leichter. Nach einigen Tagen oder vielleicht auch Wochen ist es soweit verinnerlicht, dass es automatisch positiv formuliert wird, ohne dass du weiter drüber nachdenken musst. Durch das positive Vorleben übernehmen es deine Mitmenschen, vor allem deine Kinder. Du bist dann ein Beispiel dafür, was alles möglich ist.

Die Gefühle und Gedanken von gestern beeinflussen dein Leben von heute! Willst du etwas ändern, darfst du heute beginnen, deine Gedanken und Gefühle zu ändern, damit dein

Leben morgen besser ist.

Damals waren die Kinder den ganzen Tag draußen und keiner, außer den Kindern, wusste wo diese waren. Es hat sich auch kaum jemand solche Sorgen gemacht, wie es heute teilweise der Fall ist. Die Erwartung war, dass die Kinder zum Abendessen oder wenn es dunkel wurde oder was sonst ausgemacht war, wieder zu Hause waren und so war es dann auch.

Die Möglichkeit einer Kontrolle durch das Handy oder andere GPS Geräte gab es nicht. Durch den Einsatz dieser Geräte werden die negativen Gedanken automatisch bestärkt. Wenn du dir stattdessen dein Kind gesund und lebendig tobend vorstellst, lässt du die Geräte automatisch weg und vertraust deinen Gedanken und dem Universum.

Stell dir vor, jeder Gedanke, den du denkst, wird sofort wahr. Wie würde die Welt dann aussehen? Damit es eine schöne Welt wird, erkläre ich dir in dem Buch die Zusammenhänge und wie du sie für dich und deine Umwelt am besten nutzen kannst.

Gesetz der Anziehung

Das Gesetz der Anziehung besagt, dass Gleiches Gleiches bzw. Ähnliches anzieht. Wichtig sind dabei vor allem die Gefühle. Diese zeigen an, ob es in eine positive oder negative Richtung geht. Soll das eigene Leben positiver werden, reicht es aus, sich auf die positiven Dinge zu konzentrieren und sich mit schönen und positiven Dingen zu beschäftigen.

Das klingt fast zu einfach, um wahr zu sein? Vermutlich denkst du auch: Wäre es so einfach, wüssten es doch alle. Ich erkläre dir, warum es noch nicht alle wissen:

- Die meisten, denen ich davon erzähle, halten es für zu kompliziert, auf ihre Gedanken zu achten. Sie glauben lieber an das, was sie von klein auf gelernt haben (und das war leider nicht immer unbedingt was Positives).

- Sie glauben den Ärzten, Medien, Politiker etc. (fast) alles ohne es jemals zu hinterfragen. Wären die meisten Krankheiten aber wirklich so ansteckend, wie gerne von der Schulmedizin behauptet wird, dann müssten die Ärzte und Krankenpfleger doch eigentlich am meisten krank sein. Sind sie aber komischerweise nicht.

- Viele nutzen die innere Abwehr zum Selbstschutz, um nicht die Verantwortung für ihr Leben übernehmen zu müssen. Es ist ja viel einfacher, alles was im Leben passiert auf andere, Gott, das Schicksal usw. abzuschieben und nicht schuld daran sein zu müssen.

- Den meisten ist es schlicht und einfach noch nie aufgefallen. Sie sind so damit beschäftigt, sich darüber Gedanken zu machen, was andere über sie denken, dass ihnen der Zusammenhang einfach nicht auffällt.

Es gibt zwei Möglichkeiten, wie du etwas in dein Leben ziehen kannst: Zum einen ist es situationsbedingt, sprich es treten immer wieder ähnliche Situationen auf. Sehr wahrscheinlich wirst du dich vor allem an negative Beispiele erinnern, über die wirst du dich am meisten beklagt haben. Zum anderen kann auch eine ganz andere Situation die gleichen Gefühle hervorrufen. Die kommenden Beispiele verdeutlichen das am besten.

Zuerst einmal einige Beispiele, wo die Situation die gleiche ist:

o   Wenn du dich darüber ärgerst, dass es auf dem großen Parkplatz mal wieder nur einen freien Platz ganz weit vom Eingang entfernt gibt, der Laden dann noch voll ist und du ewig an den Kassen stehst, wird es dir beim nächsten Einkauf sehr wahrscheinlich ebenso ergehen. Wenn du es aber gelassen siehst und dich auf die Vorteile konzentrierst, z.B. dass der Parkplatz zwar weiter weg, dafür aber direkt neben den Einkaufswagen ist, die Regale gerade neu aufgefüllt wurden und du an eine leere Kasse kommst, weil diese gerade neu aufgemacht wurde, wirst du beim nächsten Einkauf wieder schneller durch sein, als vielleicht ursprünglich gedacht.

o   Das eine Jahr hatte ich eine echte Plage mit Nackt-
schnecken. Ich habe die Viecher schon früh angefangen einzu-
sammeln und kam locker auf teilweise 120 (!) Stück alleine am
Morgen. Als ich dann vom Gesetz der Anziehung gehört habe,
war mir klar, dass das Universum mir einfach immer mehr davon geliefert hat, weil ich darüber am meisten nachgedacht, ge-
redet und mich geärgert habe. Seitdem stelle ich mir immer
Schmetterlinge in meinem Garten vor und die Schnecken mei-
den meinen Garten.

o   Vor allem bei alten Leuten kann beobachtet werden,
wie sie immer kränker werden. Ein beachtlicher Anteil liegt daran, dass sich bei Treffen nur noch über Krankheiten ausge-
tauscht wird. Nicht nur über die eigenen, sondern auch über
die von anderen Bekannten. Wer viel über Krankheiten, egal
ob von einem selber oder von anderen spricht und dement-
sprechend auch nachdenkt, bekommt selber mehr davon. Wer
also im Alter gesund bleiben möchte, sollte über die schönen
Dinge sprechen.

o   In den 70er Jahren gab es viele Aktivisten gegen
Atomkraftwerke. Mit dem Spruch „Atomkraft nein danke" haben sie jedoch mehr Atomkraftwerke erschaffen, statt

alternative Energien zu fördern.

o   Wenn du darüber nachdenkst, dass du keine / nicht mehr so viel Wäsche waschen will, wirst du nur noch mehr Wäsche zum Waschen bekommen. Erst als die Menschen angefangen haben, darüber nachzudenken, was sie lieber täten, kamen Erfindungen wie Telefon, Waschmaschine, Trockner, etc.

o   Normalerweise sind die meisten Menschen im Urlaub entspannt und genießen die Zeit, deshalb liegt der Fokus automatisch auf den schönen Begebenheiten. Wer anfängt, sich im Urlaub über andere Menschen aufzuregen oder zu ärgern, wird ähnliche Situationen im nächsten Urlaub oder sogar zu Hause bekommen.

o   Als ich mit dem Baby in einem Elektronikladen einkaufen war, hat mir ein Mann zwei Rabatt Gutscheine für eine Drogeriekette geschenkt. Er benötigt die nicht und fürs Baby werde ich noch einige Windeln brauchen. Ich habe mich sehr darüber gefreut und drei Tage später hat mir eine Frau im Supermarkt ihre Treuesticker für zwei verschiedene Hersteller geschenkt. Sie kam dafür sogar bis ans Auto, wo ich noch damit beschäftigt war, die Einkäufe einzuladen.

Hier nun einige Beispiele, wo die Situation eine andere ist, du aber ähnliche Gefühle hast:

o Am Abend regst du dich darüber auf, dass es mit den Kindern nicht schnell genug geht, sie trödeln oder was auch immer. Am Morgen ist die Situation eine andere, aber trotzdem trödeln die Kinder oder machen eventuell noch etwas kaputt und du bist schon wieder im Stress, noch bevor du die Wohnung verlassen hast. Wie deine Gefühle früh sind, sind sie aller Wahrscheinlichkeit nach auch am Abend und umgekehrt. Teilweise braucht es keinen ganzen Tag bis die gleichen Gefühle zurück- bzw. wiederkommen.

o An einem Samstag waren wir im Harz auf dem Brocken und hatten super schönes Wetter und konnten richtig weit schauen. Natürlich war an dem Tag richtig viel los und alles sehr voll. Da drüber haben wir uns am Abend noch eine Weile unterhalten. Als wir am nächsten Tag um die Mittagszeit wieder zu Hause in unser Lieblingsgaststätte waren, war diese ebenfalls so voll, dass wir gerade noch den letzten freien Tisch bekommen haben. So voll haben wir es noch nie in der Gaststätte erlebt.

o Es gibt Tage da läuft einfach alles rund. Das fängt schon früh an und geht bis abends so weiter. Solche Tage, wo alles im Fluss ist, sind ein sehr schönes Beispiel, wie etwas laufen kann, wenn du dich auf die positiven Dinge konzentriert.

Wenn du selber über positive / schöne Dinge nachdenkst, kommen davon immer mehr in dein Leben. Dadurch läuft alles viel leichter und entspannter. Das nun nicht gleich von heute auf morgen alles positiv läuft, ist verständlich. Mit dem Fokus auf die schönen Geschehnisse kommen aber automatisch immer mehr davon in dein Leben. Alles was du tun musst, ist, dich auf das Positive zu konzentrieren. Dabei hilft die Frage:

Was willst du wirklich?

Das Gesetzt der Anziehung entspricht einer Spirale und du kannst selber entscheiden, ob sie aufwärts oder abwärts geht.

Zu Beginn wirst du vielleicht noch „ich will, dass xy weg geht" sagen oder „ich will kein xy mehr". Das zieht aber eindeutig mehr davon an. Deshalb ist die Frage „Was will ich wirklich?" hier besonders sinnvoll. Nur wenn du rausgefunden hast, was du wirklich will, kannst du dich auch darauf konzentrieren und es in dein Leben ziehen. Wenn du weiter darüber nachdenkst, was du alles nicht will, kommst du an dieser Stelle nicht voran und wirst nur noch unzufriedener.

Wer meint, das Gesetz der Anziehung würde nicht funktionieren, dem beweist das Gesetz der Anziehung, dass es nicht klappt. Dadurch, dass es nicht klappt, beweist es aber wieder, dass es doch funktioniert. Das ist ein kleines Paradox, was im ersten Moment einen Knoten im Kopf verursacht. Dass es nicht funktioniert, über das nachzudenken, was wir nicht wollen, haben wir selber oft genug probiert. Deshalb ist es jetzt an der Zeit, über das nachzudenken, was wir wollen.

Stell dir vor, du sollst Leute ansprechen, um etwas zu verkaufen oder um diese für etwas anzuwerben. Wenn du dich über die Personen aufregst und ärgerst, die nicht dem entsprechen, was du gerne hättest, bekommst du nur noch mehr von den nicht gewollten Personen.

Konzentriere dich am besten auf die idealen Kunden. Wie sollten diese sein? Wie ist der Umgang mit ihnen? Wie reagieren sie, wenn du sie ansprichst? Freue dich über jeden Kunden, der nett zu dir war und mit dem du dich nett unterhalten konntest. Jetzt kommen automatisch immer mehr davon zu dir. Von ganz alleine, nur durch deine andere Ausstrahlung und innere Einstellung.

Wenn es dir nicht leichtfällt, positiv zu denken, notiere dir pro Tag 10 Dinge, die schön waren, wofür du dankbar bist und mach das Ganze jeden Tag für mindestens eine Woche. Dabei darf jeder Punkt nur einmal für den gesamten Zeitraum auftauchen. Einige Beispiele:

- „Die Sonne schien."

- „Es war warm."

- „Eine fremde Person hat mir ein Lächeln geschenkt."

Irgendwann kommt dann die Dankbarkeit für einen Marienkäfer, eine Biene, die Sonne allgemein etc., nur weil dir schlicht nichts anderes mehr einfällt. Genau an dem Punkt fängt die wirkliche Dankbarkeit dem Leben gegenüber an.

Frequenzen und Schwingungen

Jeder Gegenstand und jeder Mensch haben eine eigene Schwingung. Negative Dinge schwingen tief, während schöne Dinge hochschwingen. Es ist vergleichbar mit einem Radio, wo die Sender anhand einer Linie / Leiste eingestellt werden können. Auf der linken Seite sind die nicht so schönen Dinge und auf der rechten Seite ist alles perfekt. Wenn du jemanden triffst, der höher schwingt als du selber, wirst du dich nach dem Treffen oder sei es auch nur ein Telefonat, besser fühlen. Schwingt die Person aber weit unter dir, wirst du dich danach schlechter fühlen.

Dieses runtergezogen werden kennst du bestimmt. Da sowas aber auf Dauer nicht glücklich macht, hilft es, hier die Reißleine zu ziehen und den Kontakt abzubrechen oder so gering wie möglich zu halten. Wenn du selber nur die schönen Dinge betrachten willst, um höher zu schwingen, solltest du dich mit anderen Menschen umgeben, die ebenfalls die

Sonnenseite des Lebens genießen.

Deine Gefühle zeigen dir, in welche Richtung du gerade gehst und ob du dahin willst oder nicht. Du kannst das ähnlich mit der Auto Tankanzeige vergleichen. Alles, was sich negativ anfühlt, wird auch eine negative Auswirkung in deinem Leben haben. Alles, was sich dagegen gut anfühlt, wird Positives in dein Leben ziehen und dich voranbringen.

Bestellungen beim Universum

Es gibt zwei Arten von Bestellungen. Einmal die fast unbewussten, wo du nur einen kurzen Gedanken hattest und den dann sofort wieder vergessen hast. Zu Anfang kannst du dich an die Bestellung nicht oder kaum erinnern, aber mit etwas Übung und der Konzentration auf die Gedanken wird es dir spätestens in der jeweiligen Situation wieder bewusst. Es fällt dir dann auch auf, was du dir bis dahin alles in deinem Leben erschaffen hat.

Bei den unbewussten und gleichzeitig nicht immer gewollten Bestellungen hilft es, die Gedanken mittels Meditation zur Ruhe zu bringen. Geführte Meditationen sind ein guter Einstieg dafür. Mediationen haben auch den Vorteil, dass nach einigen Wochen täglicher Meditation das Sehen schärfer und die 3D Wahrnehmung viel intensiver wird.

Bei vielen Menschen rasen die Gedanken wie ICE Züge mit gefühlten 200 km/h durch den Kopf und sie wissen gar nicht mehr, was überhaupt der vorige Gedanke war. Das dann zwischen den Gedanken noch Platz für das Bewusstsein sein soll, ist ihnen völlig fremd. Mittels Meditation kann der ICE Zug auf die Schnelligkeit einer Rangierlok (max. 20 km/h) im Alltag gebremst werden, während der Meditation sogar ganz zum Stillstand kommen. Die Gedanken langsamer werden zu lassen hat mehrere Vorteile. Zum einen hilft es, die Gedanken viel bewusster wahrzunehmen, um so zu lernen, neue Denkmuster zu etablieren. Zum anderen finden sich schneller Lösungen, weil die Gedanken aufhören, sich nur um ein Thema zu drehen. Ein gezieltes Herauskommen aus den sich im Kreis drehenden Gedanken ist dann ganz einfach möglich. Wenn du erst einmal die ungünstig formulierten Gedanken wahrgenommen hast, kannst du gleich etwas unternehmen, damit diese nicht wahr werden bzw. das Ausmaß des nicht Gewollten gering ausfällt. Es ist nämlich immer der erste Gedanke, der erfüllt wird! Egal wie sehr versucht wird, das Ruder noch rumzureißen.

Hier einige Beispiele dafür:

o   Beim Sport sollten Mannschaften gebildet werden. Bei zwei Mitspielerinnen ist bekannt, dass egal wer sonst noch in der Mannschaft ist, sie immer verlieren. Mein erster Gedanke war „ich will nicht verlieren". Deshalb habe ich mich für die andere Mannschaft entschieden. Die beiden Mitspielerinnen konnten sich an dem Tag über einen Sieg freuen. Wir lagen zwischenzeitlich 13:7 zurück und haben dann trotzdem 15:13 verloren.

o   Alle Gedanken die mit „Hoffentlich muss ich nicht…" anfangen, sind kurze Bestellungen, die natürlich vom Universum erfüllt werden. Wie schon zu Anfang erklärt kann „nicht" nicht interpretiert werden.

o   Wenn der Gedanke „Die Panzerglasfolie für das neue Handy brauche ich nicht" bewusst wahrgenommen wird, ist es besser, zu der Folie zu greifen, um später nur diese zu ersetzen als eine Spider-App direkt auf dem Handydisplay zu haben.

o   Bei einer Spielemesse konnte ich Eltern beobachten, die ihrem Kind ständig „du sollst nicht..." gesagt haben. Auf „du sollst nicht die Bälle rauswerfen" folgte, dass das Kind die Bälle rausgeworfen hat. Auf ein „du sollst nicht so ein Theater machen" hat das Kind großes Theater gemacht. Beliebt war auch der Anfang „du sollst nicht jedes Mal ...".

o   Dass die Welt aktuell nicht so positiv und schön ist, wie sie die meisten gerne hätten, liegt zum Teil auch an den 10 Geboten. Durch die ganzen „Du sollst nicht..." muss es zuerst gemacht werden um es dann sein zulassen. Wenn du dir und deiner Umgebung einen großen Gefallen erweisen willst, dann formuliere deine Bitten immer positiv!

Bei der anderen Art der Bestellung konzentrierst du dich explizit darauf, was du möchtest. Am besten fühlst, beschreibst oder malst du den Wunsch so detailliert wie möglich, in allen Facetten. Versuche in dem Gefühl zu baden. Wichtig dabei ist, dass du dich wirklich nur auf das konzentrierst, was du möchtest.

Wenn du dabei ein Kribbeln im Bauch spürst, was nichts mit Nervosität zu tun hat, bist du genau im richtigen Bestellmodus. Wenn du später wieder an deinen Wunsch denkst und dieses gewisse Kribbeln nicht mehr kommt, ist das aber völlig in Ordnung, weil die Bestellung schon aufgegeben wurde. Diese wird dann relativ zeitnah, je nach Übung nur wenige Tage, Wochen oder manchmal auch Monate später, geliefert.

Hier ist auch wichtig, eine ähnliche oder am besten gleiche Schwingung wie die gewünschte Bestellung zu erreichen. Damit wird die Lieferung noch schneller erfolgen. Beim bewussten Erschaffen ist das Loslassen wichtig. Bei den unbewussten Wünschen, passiert das Loslassen automatisch, wodurch der Wunsch meist schneller erfüllt wird. Loslassen bedeutet, dass du zwar etwas wirklich gerne hättest, aber wenn du es nicht bekommst, gelassen reagierst bzw. eine andere Alternative hast oder auch ohne leben kannst. Das Loslassen ist vor allem zu Anfang nicht gerade leicht.

Nachdem Loslassen erfolgt dann die Handlung. Natürlich kannst du dir deinen perfekten Partner bzw. die perfekte Beziehung vorstellen, aber wenn du auf dem Sofa sitzen bleibst, wird die kaum vorbeikommen, außer es ist der Postbote. Wenn du das Gefühl hast, etwas Bestimmtes, und sei es noch so verrückt oder abwegig, machen zu müssen, dann tu es! Genau diese Handlung benötigt das Universum damit es liefern kann.

Einige Beispiele aus meinem Leben:

o   Bevor unsere dritte Tochter geboren bzw. gezeugt wurde, war die Beziehung mit meinem Mann am Ende gewesen. Es war so schlimm, dass ich seine Gegenwart nicht mehr ausgehalten habe. Ich wollte lieber mit zwei Kindern alleinerziehend sein, als mit ihm weiter in einem Haus zu leben. Ich habe mich auf das konzentriert, was ich gerne wollte: eine perfekte Beziehung mit allem, was für mich dazu gehört. Bei dem Gedanken daran habe ich in dem Gefühl gebadet als wäre es bereits so. Das spezielle oben genannte Kribbeln war ebenfalls mit dabei. Da es für mich nicht mit meinem Mann vorstellbar war, habe ich eine andere Person für die Vorstellungen genommen. Als der Wunsch abgeschickt war, kam irgendwann der Punkt, an dem ich mich mit meinem Mann zusammengesetzt habe und eine Trennung wollte. Jedoch wollte er es nicht und er hat sich zu dem geändert, was ich mir gewünscht bzw. bestellt habe, ohne dass ich es ihm je erzählt habe!

o   Als ich mit unserer dritten Tochter schwanger war, mussten wir uns nach einem größeren Auto umschauen. Der Golf Kombi ist nur für maximal zwei Kinder geeignet. Am liebsten hätten wir eine VW T5 Caravelle mit acht Sitzen und kurzen Radabstand gehabt. Auf Grund des Preises haben wir uns aber noch andere Autos wie einen Ford oder Peugeot angeschaut. Ich fand sogar den Mercedes interessant, weil die 2.

Sitzreihe gedreht werden kann, so dass sich die beiden hinteren Reihen anschauen. Die drehbare Rückbank war für uns, vor allem für mich, der einzige Pluspunkt beim Mercedes. Ein VW Multivan kam deshalb nicht in Frage, weil dann in der ersten Reihe eine Zweierbank auf der Beifahrerseite gewesen wäre. Wir wollten aber unbedingt den Einzelsitz auf der Beifahrerseite und acht Sitze haben, damit wir alle, inklusive meiner Eltern und meines Opas, Platz haben. Wir haben uns dann eine gebrauchte Caravelle angeschaut und waren super begeistert. Preislich kam sie genauso viel wie ein neuer Peugeot mit allem möglichen technischen Schnickschnack, wie Headup-Display und Co. Allerdings ist der T6 viel preisstabiler als die anderen Busse. Wir haben uns in dem VW am wohlsten gefühlt, das war am Ende der ausschlaggebende Punkt. Der Jahreswagen war preislich noch genau in unserem Rahmen. Die VW T6 Caravelle haben wir innerhalb von 2,5 Monaten zu einem super günstigen Preis manifestiert.

o   Wir haben geplant essen zu gehen und ich habe nur kurz dran gedacht, dass ich im Zweifelsfall das mittlere Kind dort windeln muss. Was ich natürlich nicht wollte. Als wir ankamen, durfte ich dann das Baby windeln. Früher hätte ich mich darüber geärgert, heute schmunzle / lache ich darüber und sehe es gelassen. Mir ist bewusst, durch welchen Gedanken ich das in mein Leben gezogen habe.

Ein Beispiel für eine Massenbestellung:

o   Während der Schulzeit, von allem die Jahrgänge die vor 1980 geboren wurden, wollten alle Schüler, dass das Wissen irgendwo steht und immer verfügbar ist. Dann kam das Internet mit Wikipedia und alles Wissen ist somit immer und überall verfügbar.

Am besten kannst du Bestellungen mit einem Parkplatz in 1. Reihe üben. Einfach vorm Losfahren oder früh, wenn du weißt, dass du irgendwo hinmöchtest, kurz an den Parkplatz direkt vor der Tür denken und es dann wieder vergessen.

Wichtig bei den Bestellungen ist, dass du immer das Ziel vor Augen hast und darauf den Fokus legst. Der Weg dahin ist völlig egal. Das Universum wählt den für sich einfachsten Weg, der hat meist so gar nichts damit zu tun, was du selber vermutest oder dir ausmalst bzw. vorstellst.

Etwas Abbestellen

Termine abbestellen funktioniert ähnlich wie normale Bestellungen. Der Gedanke „ich habe keine Lust auf den Termin / Sport / die Verabredung etc." führt im Idealfall dazu, dass du dir vorstellst, was du stattdessen viel lieber tätest: ein ruhiger Abend auf dem Sofa, ein anderes Treffen, egal was. In dem Fall ist der andere Wunsch dann stärker, die Schwingung stimmt mehr überein als bei dem Abbestellten. Auch hier ist das Loslassen wieder wichtig. Erst dann wird die Bestellung aufgegeben. Der andere Termin wird dann von der jeweiligen Person abgesagt.

Wenn du verstanden und verinnerlicht hast, dass Gleiches Gleiches anzieht, lässt du negative Handlungen, Denkweisen und Verhaltensweisen automatisch sein. Das führt dazu, dass du kaum oder kein Fernsehen mehr schaust und das Radio meist auch auslässt. Bei den Nachrichten wird gleich ganz ausgeschaltet. Sollte etwas Wichtiges passiert sein, wird einem das schon jemand mitteilen. Es lebt sich wirklich sehr ruhig und entspannt. Über die Probleme der anderen Menschen nachzudenken, hat einem selber noch nie geholfen.

Achtung bei Familienfesten und anderen Gelegenheiten, wo du viel im sogenannten „Mischgebiet" unterwegs bist. Mit Mischgebiet ist gemeint, wenn besonders positiv denkende Personen auf „normal" denkende Mitmenschen treffen. Nicht viele werden die Ansichten verstehen oder der Meinung sein, dass es schon längst hätte jeder wissen müssen, wenn diese Dinge zusammenhängen. Es ist aber halt so, dass es sich auf ähnliches bezieht und vor allem auf das Gefühl während der Situation.

Gut zum Üben eignet sich dafür das Wetter. Denke erst viel an Sonnenschein, dann wenn der Himmel blau ist, an ein paar Wolken und wenn diese da sind, wieder an Sonnenschein. Du kannst natürlich auch probieren, es regnen zu lassen.

Vision Board

Ein schönes Hilfsmittel, damit du deine Ziele besser im Blick behältst, ist ein Vision Board. Das kann eine einfache Pinn- oder Magnetwand sein oder auch mit einer Leinwand selbst gestaltet werden. Am besten eigenen sich Formate ab 40cm x 50cm. Je größer und auffälliger, desto öfter schaust du hin, wodurch du mehr dran denkst und es schneller erschaffst.

Auf dem Vision Board werden alle Wünsche in Form von Bildern dargestellt. Mit Zahlen kann das Universum nichts bzw. wenig anfangen. Es hilft auch wenig, wenn die Wunschsumme auf dem eigenen Konto ist, aber keine Möglichkeit besteht, frei darüber zu verfügen. Deshalb lieber mit Bildern darstellen, was du mit dem Geld machen möchtest, also wofür du es brauchst. Ich wusste es zu Anfang auch nicht und hatte mein Wunschjahresgehalt in Zahlen angegeben. Nach einigen Tagen hatte ich es dann durch das ersetzt, was ich mit dem Gehalt alles machen möchte. Nach zwei Monaten, wovon drei Wochen Urlaub waren, habe ich ein Jobangebot bekommen, bei dem das gewünschte Gehalt sogar noch aufgerundet wurde. Alle Konditionen von dem Job passen perfekt.

Wenn du ein neues Smartphone haben willst, solltest du unbedingt vorher in einen Elektronikladen gehen, um es dir anzuschauen und zu prüfen, ob es dir gefällt und ob es überhaupt das Richtige ist oder ein anderes Modell besser wäre. Am besten ist es, das Smartphone in den Händen zu halten, etwas damit rumzuspielen und sich vorzustellen, wie es ist, wenn es dir gehört.

Das gleiche trifft auf alle anderen Gegenstände zu. Beim Auto am besten einmal Probefahren, sofern es möglich ist. Bei seltenen Autos ist das natürlich nicht leicht. Es sollte nicht nur die Automarke, sondern auch das Modell passen. Auf meinem Vision Board ist ein Lamborghini Aventadore Roadster, ein Probefahren ist hier in Deutschland nicht unbedingt so einfach. Vor allem weil selbst das Ausleihen nicht gerade günstig ist.

Manchmal gibt das Universum witzige Antworten bzw. Lieferungen. Zum Beispiel bekomme ich Videos mit Lamborghinis über die sozialen Medien. Da ich mich über diese Videos und Bilder freue, bekomme ich mit Sicherheit schneller meinen Wunsch erfüllt, als würde ich mich da drüber ärgern. Dann würde ich dem Universum nämlich zeigen, dass ich so etwas gar nicht haben will.

Reichtum

Je größer die Ziele sind, desto eher werden diese in kleinen

Schritten erreicht. Wie bereits im Abschnitt „Vision Board" erwähnt, ist mein absolutes Wunschauto ein Lamborghini Aventadore, Roadster, natürlich mit drei Kindern nicht unbedingt praktisch, aber einfach etwas zum Spaß haben. Das Universum nähert sich jetzt langsam meinem Wunsch an. Wir haben sogar schon einen Skoda Fabia geschenkt bekommen. Klar ist ein Skoda kein Supersportwagen. Aber dafür haben wir das Auto geschenkt bekommen. Den Lamborghini Aventadore Roadster hätte ich auch gerne geschenkt, alleine schon deshalb, weil er so viel kostet wie ein neues Einfamilienhaus mit Grundstück.

Als ich mein neues Samsung Galaxy S9 geschenkt bekam, hatte ich ca. eine Woche später die Zusage für einen neuen super Job mit 25% mehr Gehalt als bei dem anderen Jobangebot davor, wo ich auch schon 25% mehr hatte, als bei meiner alten Stelle. Nachdem ich das S9 noch bei Samsung registriert hatte, habe ich noch ein Tablet E dazu geschenkt bekommen.

Natürlich habe ich dann angefangen drüber nachzudenken, was ich mit dem ganzen Geld jetzt genau mache und wie ich es auf die verschiedenen Konten aufteile. Ein Gedanken war „wozu soll ich etwas für Reparaturen bei Seite legen? Was geht schon kaputt?" Keine 15 Minuten später ist beim Skoda die Kurbel für das Fenster kaputt gegangen. Ich habe mich beim

Universum bedankt, weil ich jetzt wieder weiß, warum das Konto so wichtig ist. Beim nächsten Mal denke ich lieber über die nächsten Urlaubsziele nach.

Um mehr Reichtum in dein Leben zu ziehen, empfiehlt es sich verschiedene Konten zu haben.

1.   Girokonto

Für die ganzen alltäglichen Dinge und laufende Kosten.

2.   Konto finanzielle Sicherheit

Auf das Konto wird nur Geld eingezahlt. Es ist eine stille Reserve und vermehrt sich nur. Ziel ist es, dass später von den Zinsen gelebt werden kann. Es kommt auch wieder eine Phase, wo es mehr Zinsen für das Geld gibt.

3.   Konto Bildung

Die beste Investition ist in sich selber. Das Geld ist für neue Bücher, Seminare, Lehrgänge und ähnliches da. Alles, was dich interessiert und was dich weiterbildet. Das beste Kapital was du hast, bist du selber. Also investiere es in dich.

4.   Konto Urlaub und Sonstiges

Das Geld kannst du für den nächsten Urlaub, neue Anschaffungen oder auch Reparaturen nutzen, wenn du etwas erschaffen hast, was du eigentlich umgehen wolltest.

5. Konto oder Portemonnaie Spaß haben

Einen Teil des Gehaltes darfst du nur für Dinge ausgeben, die du gerade haben möchtest, ohne dass du diese wirklich brauchst. Es hilft dir lockerer und leichter mit dem Geld umzugehen.

6. Spenden

Das ist kein eigenes Konto, die Spenden können direkt vom Girokonto abgebucht bzw. überwiesen werden. Wenn du nicht bereit bist, von deinem jetzigen Gehalt etwas zu spenden, wirst du auch nichts spenden, wenn du 1 Mio. Euro und mehr auf dem Konto hast. Durch das Spenden kannst du dich schon jetzt reich fühlen, weil du schon jetzt etwas Abgeben kannst. Je mehr zu spendest, desto reicher fühlst du dich.

Nach Möglichkeit bleiben 50% vom Gehalt auf dem Girokonto, die anderen Konten bzw. Spenden bekommen jeweils 10% vom Gehalt. Natürlich können die Beträge auch frei gewählt werden. Spenden sollten jedoch mindestens 5% betragen. Nur wenn du Geld freiwillig ausgibst, bekommst du auch welches zurück. In dem Moment wo Geld fließen kann, kann es zu einem selber zurückkommen.

Am besten packst du einen 100€, 200€ oder auch 500€

Schein in dein Portemonnaie, den du nie ausgibst. Der Schein bleibt einfach immer drin. Du hast dadurch das Gefühl immer viel Geld dabei zu haben und kannst das Gefühl „du könntest es dir leisten, jetzt sofort" groß machen. Dieses Gefühl zieht dann im Prinzip von alleine immer mehr Geld an.

Bestellungen beim Universum können wirklich günstige Angebote sein z.B. bei einem Elektronikfachmarkt, der einem die MwSt. schenkt und dazu dann noch ein zweites Gerät vom Hersteller für die Registrierung des gekauften Gerätes, wie mit meinem Samsung Galaxy S9.

Eine Bestellung beim Universum kann aber ebenfalls auch durch ein Geschenk oder Gewinn geliefert werden, wie zum Beispiel unser Skoda.

Nur in den Laden gehen und kaufen kann heutzutage jeder, vor allem da es überall billige Kredite gibt. Jedoch ist zu bedenken, dass ein Kredit zurückgezahlt werden muss und dass es, aller Wahrscheinlichkeit nach, keine Reichtumsgefühle hervorruft.

Wenn du Reichtum in dein Leben ziehen möchtest, darfst du anderen ihren Reichtum gönnen. Beschwerst du dich über andere und deren Reichtum, vermittelst du dem Universum, dass du selber keinen Reichtum haben möchtest.

Als Beispiel:

o   wir waren mit Freunden auf einer Messe und haben unser Essen selbst mitgebracht. Allerdings haben wir uns auch eine Portion Pommes, Kaffee und Eis geleistet. Unsere Freunde fingen an sich zu beschweren, wie teuer das hier doch wäre etc. Damit haben die Freunde dem Universum mitgeteilt, dass sie kein Geld im Leben haben wollen. In dem Moment, wo wir uns die Dinge ganz leicht mit einem guten Gefühl gekauft haben, haben wir dem Universum gezeigt, dass wir gerne mehr davon möchten und das toll finden. Wodurch wir mehr Geld in unser Leben ziehen.

Eine Form von Reichtum sind Rabatte, Essenseinladungen, Gutscheine etc. Gute Gefühle bekommst du, wenn du darüber nachdenkst, in welchen Bereichen du schon reich bist bzw. was du schon alles an Besitz hast, was andere möglicherweise nicht haben.

Als Hinweis: einen Lottogewinn zu manifestieren ist die höchste Kunst um Reichtum zu erschaffen. Wenn du eine neue Fremdsprache erlernst, fängst du auch nicht gleich damit an, einen dicken Roman zu schreiben.

Außerdem nützt dir die Summe X auf dem Konto gar nichts, wenn du, z.B. durch eine Fehlbuchung oder ein Erbe, an welches du erst in 10 Jahren kommst, nicht an das Geld kommst. Deshalb ist es immer besser zu wissen, was genau du mit dem Geld machen möchtest und dich darauf konzentrierst.

Die meisten Menschen erschaffen aus Mangel, leider zieht Mangel nur noch mehr Mangel an. Deshalb ist es wichtig, dass du dich auf deinen schon vorhandenen Besitz konzentrierst, um dich reich zu fühlen und so noch mehr Reichtum in dein Leben zu ziehen.

Partnerschaft und Beziehung

Gleiches zählt natürlich für eine liebevolle, schöne, harmonische Partnerschaft. Hier spielt noch mit rein, dass dich andere nur so gut behandeln, wie du dich selber behandelst. Wenn du dich selber nicht schätzt und ehrst, kannst du es kaum von anderen erwarten. Die Menschen in unserem Leben, gerade die uns sehr nahestehen, spiegeln unsere eigenen inneren Themen. Alles was uns besonders aufregt, uns einfach nicht in Ruhe lässt, zeigt deutlich, wo wir selber an uns arbeiten dürfen. Wenn wir rausgefunden haben, warum es uns so beschäftigt, können wir ganz anders unseren Mitmenschen gegenüber handeln. Wenn du selber weißt, dass andere dir nur zeigen, woran du selber noch bei dir arbeiten darfst, hörst du auf, andere Menschen wegen ihrer Handlung zu verurteilen. Außerdem **handelt jeder aus seiner besten Option heraus.** Viele gehen davon aus, dass ihnen die anderen etwas Böses wollen. Das ist ein Trugschluss, die andere Person hat einfach nur die Wahlmöglichkeit aufgrund ihrer Erfahrung und ihres Erlernten.

Erfolg

Als erstes ist es natürlich wichtig, dass du dir notierst, was Erfolg genau für dich bedeutet. Verwende messbare Ziele, die du einfach überprüfen kannst.

- Was macht Erfolg für dich aus?
- Wie verhalten sich erfolgreiche Menschen?

Schaue dir an, welche Eigenschaften und Verhaltensweisen erfolgreiche Menschen gemeinsam haben und mache das nach. Verhalte dich so, als wärst du bereits erfolgreich.

Wusstest du, dass alle erfolgreichen Menschen eins gemeinsam haben? Sie meditieren mindestens 15 Minuten pro Tag. Dabei werden nicht nur die Gedanken ruhiger, sondern der Fokus wird auf die wirklich wichtigen Dinge gelegt.

Nachbessern

Es kann natürlich vorkommen, dass du mit der Lieferung vom Universum nicht ganz zufrieden bist, weil du es dir vielleicht anders vorgestellt hast. Das hat den Vorteil, dass dir jetzt klarer ist, was es stattdessen sein soll, wo noch etwas fehlt oder was einfach anders sein darf. Dann löse einfach eine neue

Bestellung beim Universum aus und bessere so deine vorige Bestellung nach.

Sprich von deinen Wünschen als wären sie bereits wahr. Versuche so oft wie möglich daran zu denken und darüber zu sprechen, dann liefert das Universum auch.

NLP

Das Neuro-Linguistische Programmieren, kurz NLP, ist eine Methode, um die eigenen Sichtweisen mit Hilfe der Sprache zu verändern. Dadurch können Verhaltensmuster, die du selber erkannt hast, geändert oder durch neues Verhalten ersetzt werden. Durch das einfache Wort "nicht", was wie im Kapitel „Einleitung" beschrieben einfach übergangen wird, bleibt die Kernaussage die Gleiche, aber es wird für dich einfacher umsetzbar. Wenn die Nacht zu kurz war und du früh müde bist, hilft die Aussage „Ich bin müde" viel schlechter als ein „ich bin nicht wach / fit". Damit ist es vom Gefühl her richtig. Das ist wichtig, weil es bei Zweifel nicht funktioniert. Wenn Zweifel vorhanden sind, sollte die Aussage mit dem Wort „nicht" positiv formuliert werden. Wichtig ist, dass das Gefühl immer stimmt. Das Gefühl beeinflusst am meisten, was wir uns erschaffen. Die Gedanken sind nur an zweiter Stelle.

Ein Beispiel für verschiedene Sichtweisen und warum der richtige Fokus so wichtig ist:

o   Es gibt diese Maisstangen, die sich für Babys besonders gut eignen, weil sie im Mund weich werden und die Babys sie sogar in der Babyschale bedenkenlos essen können. Der einzige Nachteil ist, wenn die Stangen nass bzw. feucht sind und irgendwo rankommen, klebt das Zeug alles zu und geht nur in der Waschmaschine wieder raus. Auf einer Messe saß meine jüngste Tochter, damals fast ein Jahr alt, in der Kraxe und ich habe ihr eine Maisstange gegeben, damit sie noch etwas ruhig ist, während ich darauf wartete, dass meine andere Tochter an dem Stand für Lebkuchen-selber-dekorieren fertig wird. Da kam eine Dame vorbei und fing direkt an über die Maisstangen zu meckern. Ihre Enkelin isst die auch immer und das Zeug klebt überall und geht schwer wieder raus etc. pp. Zu Anfang, bei den ersten Stangen, sah es bei uns ähnlich aus, dann habe ich mich darauf konzentriert, wie gut sich die Maisstangen für Babys zum Essen machen, vor allem können die Babys die komplett alleine halten und essen. Den Fokus habe ich zusätzlich daraufgelegt, dass alles sauber bleibt. Sogar die Kraxe ist sauber geblieben und das, obwohl sie diese später aus Spaß zugesabbert hat. Ich hatte die Maisstangen monatelang in meiner Handtasche als Notfallproviant dabei. Ich habe sie mindestens drei- bis viermal die Woche aufgefüllt. Das Baby, die Babyschale und ich, wenn ich sie auf dem Arm hatte, sind sauber geblieben, egal wieviel ich ihr davon zu essen gegeben habe.

o   Bei einer Familienfeier, die erst um 18 Uhr anfing, wurde ich darauf angesprochen, wie ruhig meine Kinder sind. Sie waren zu der Zeit 1, 3 und 5 Jahre. Die Person, die mich angesprochen hatte, würde sonst nur laute und schreiende Kinder kennen. Da wir Eltern aber selber sehr entspannt sind, sind es unsere Kinder auch und sie haben bis nach 22 Uhr durchgehalten und waren super toll drauf.

Eine weitere Methode ist, negative Gedanken und Gefühle einfach zu überlagern. Das klingt erstmal gut, braucht aber auch etwas Übung. Einige Möglichkeiten wären zum Beispiel, die Bilder im Kopf umzudrehen oder zum Wackeln zu bringen oder einfach mit etwas anderem zu überlagern. Welche Methode am besten funktioniert, darfst du für dich selber rausfinden. Mir persönlich hilft eine gelbe Quietsche Ente mit weiß-gepunkteter lila Unterhose, die mir zwei Säcke voller Geld gibt, im Hintergrund sehe ich nur Geldscheine. Dadurch wird mein Gefühl viel positiver und ich fühle mich im Nu besser. Außerdem denke ich an Geld, wodurch ich wieder mehr davon in mein Leben ziehe. Denn, wie ich oben schon beschrieben habe, worüber wir am meisten nachdenken, das bekommen wir auch.

Wenn du deine innere Einstellung geändert hast, wirst du feststellen, dass sich auch das Außen geändert hat. Viele meinen, es müsste sich etwas im Außen ändern, damit sie sich innerlich ändern. Dabei ist es genau andersrum. Was viele nicht unbedingt hören wollen ist, dass sie selber für sich und dafür, wie andere Personen sie behandeln, verantwortlich sind. Wenn du dich selber nicht magst und schätzt, kannst du es auch nicht von anderen erwarten. Andere können nicht anders als dich so zu behandeln, wie du dich selber auch behandelst. Ändere erst deine innere Einstellung und das Außen passt sich von alleine an. Für viele Gewaltopfer klingt das nicht gerade positiv und sehr hart formuliert. Ich war früher selber Mobbingopfer. Als ich dann geschafft habe, meine innere Einstellung mir selber gegenüber ins Positive zu verändern, haben mich meine Mitmenschen auch ganz anders behandelt.

Schlank sein

Wer schlank sein will, darf sich selber schlank fühlen. Dass das nicht unbedingt leicht ist, weiß ich selber, da ich früher als Teenager und bis Mitte 20 selber 20kg mehr wog als jetzt. Da es leichter ist, wenn das Ziel klar definiert ist, wäre der Satz "Ich bin dünn / schlank" bzw. "ich wiege x kg", wobei x das gewünschte Zielgewicht ist, das Endergebnis. Da es sich für dich vermutlich nicht richtig anfühlt, kannst du genauso gut sagen "ich bin nicht dünn / schlank" bzw. "ich wiege keine x kg".

Ebenfalls gute Ergebnisse lassen sich mit dem Satz „Hoffentlich muss ich nicht abnehmen" erzielen. Außerdem sollte unbedingt vermieden werden, täglich auf die Waage zu gehen. Wenn du regelmäßig, mindestens einmal die Woche, Sport machst, werden zuerst die Muskeln aufgebaut, die natürlich schwerer sind als Fett. Wenn die Muskeln aber einmal vorhanden sind, verbrauchen sie mehr Energie als Fettgewebe, wodurch das Abnehmen wie im Schlaf geht. Deshalb lieber auf die Hosen und Oberteile achten, ob diese lockerer sitzen. Das ist viel aussagekräftiger.

Glaubenssätze

Glaubenssätze helfen uns, im Alltag besser zurecht zu kommen. Allgemeine Glaubenssätze sind „morgens geht's die Sonne auf und abends wieder unter".

Beispiele für individuelle Glaubenssätze

- „Ich bin in Deutsch besonders gut."

- „In Mathe bin ich eine totale Niete."

- „Zeichnen liegt mir."

- „Ich bin nicht musikalisch."

- „Ich bin nicht genug."

- „Ich habe es nicht verdient."

- „Ich bin zu alt / zu dick / zu …"

- „Ich bin ein Opfer der Umstände, ich kann nichts dafür."

- „Das Schicksal meint es schlecht mit mir."

- „Sobald die Sonne scheint bekomme ich einen Sonnenbrand."

Das Schöne an diesen Glaubenssätzen ist, dass du sie selber

leicht verändern kannst. So kannst du dein Ziel erreichen, auch wenn es vorher unvorstellbar war.

Glaubenssätze verändern und auflösen

Um Glaubenssätze verändern zu können, musst du erstmal feststellen, welche Glaubenssätze dich selber blockieren und woher diese kommen. Ein Hinweis auf einschränkende Glaubenssätze liefert dir deine Sprache:

- Welche Verallgemeinerungen verwendest du häufig? „Alle Männer / Frauen sind…"

- Was hast du viel von anderen gehört wie „Stell dich nicht so an, so schlimm war es gar nicht.", „Über Geld spricht man nicht.", „Das macht man so." etc.

- In welchen Bereichen bist du unzufrieden?

- Wo wirst du eingeschränkt bzw. wo schränkst du dich selber ein?

Notiere dir dazu jeden Gedanken.

Ändere deinen Fokus auf das gewünschte Ziel. Denke dabei an die positive Formulierung und vermeide Wörter wie „nicht". Dein Gedankenmuster sucht immer wieder Situationen, die dir beweisen, dass deine Glaubenssätze wahr sind. Dabei nimmst du nur diese für wahr, die du auch wahrnehmen willst.

Gehe deine Glaubenssätze jetzt einzeln durch. Mit den folgenden Fragen lösen sich die Glaubenssätze wie von alleine auf.

- „Wem nutzt der Glaubenssatz?"
- „Betrifft es wirklich alle oder gibt es Ausnahmen?"
- „Was machen diese Ausnahmen anders?"
- „Gibt es Menschen in meinem Umfeld mit anderen Glaubenssätzen zu dem Thema?"
- „Was ist, wenn ich diesen Glaubenssatz hinter mir lasse?"

Schreibe jetzt die ganzen negativen Glaubenssätze, in neue um, die du gerne hättest. Wenn du dir die Liste mit den neuen Glaubenssätzen so hinlegst, dass du sie öfters siehst, werden sie durch das erneute Lesen automatisch übernommen.

Erwartungen

Werden Erwartungen erfüllt, nehmen die meisten Menschen das einfach so hin. Werden die Erwartungen jedoch nicht erfüllt, fangen viele an, die anderen dafür verantwortlich zu machen. Im Prinzip sind Erwartungen auch nur Bestellungen beim Universum. Wäre es möglich, den Partner mit den eigenen Gedanken soweit zu lenken, dass er das macht, was man möchte, wäre das Leben nach kurzer Zeit doch viel zu langweilig. Erwartungen sollten wie Bestellungen gesehen werden. Es ist also besser sich vorzustellen, dass der Geschirrspüler ausgeräumt ist, als es vom Partner zu erwarten und dann mit ihm böse zu sein, wenn er die Aufgabe nicht erledigt hat. Vielleicht wusste er nicht mal, dass der Geschirrspüler fertig ist. Auf jeden Fall kennt der Partner nur seine eigenen Erwartungen und nicht, was von ihm erwartet wird. Außer es wird ihm direkt mitgeteilt. Letzteres ist in den meisten Partnerschaften wohl selten der Fall, sonst würde es nicht zu so viel Streit und ggf. Trennungen kommen. Entspannter wäre es, sich vorzustellen, was erledigt sein soll und wenn davon nichts erledigt ist, lieber nachfragen, was der Partner gemacht hat. Dann wird einem klar, dass der Partner auch viele wichtige Dinge erledigt, die man selber nicht auf dem Schirm hatte, die aber ebenfalls wichtig sind.

Einige weitere Beispiele:

o   Manche Menschen vergittern ihre Fenster, nachdem Sie sich Besitz in Form eines Hauses angeschafft haben, weil Sie Angst haben, dass es ihnen jemand wegnehmen könnte. Es wäre viel besser, wenn diese Menschen sich vorstellen, wie der Besitz bei ihnen bleibt und mehr wird.

o   Paare entscheiden sich dazu, ein oder mehrere Kinder zu bekommen und denken dann unentwegt darüber nach, was den Kindern alles passieren könnte. Hier sollten sich die Eltern lieber vorstellen, wie ihre Kinder spielen, größer werden, gesund bleiben und Spaß am Leben haben. Vielleicht gründen sie ebenfalls eine Familie, bereisen die Welt oder leben einfach ihren Traum eines perfekten Lebens, wie immer dieser aussehen mag.

o   Bei einer Feier krabbelte unsere jüngste Tochter, fast ein Jahr alt, die offene Treppe hoch. Der Vater ging dahinter die Treppe hoch, zur Sicherheit, aber ohne das Kind zu berühren. Eine andere Mutter mit schon zwei erwachsenen Kindern, sieht das und bekommt eine starke Panik, weil sie sich Dinge ausmalte, die ich hier lieber nicht beschreiben will. Das Baby kam natürlich heile und stolz oben an, weil es auch diese Treppe alleine gemeistert hat. Der Vater sieht sein Kind ebenfalls spielend, lachend und tobend.

Wer kleine Kinder hat, dem ist bestimmt schon aufgefallen, dass es zwei Fraktionen von Eltern gibt. Einmal die, die dem Baby / Kleinkind ständig eine Kopfbedeckung, egal welche Temperatur ist, aufsetzen und die anderen, die dem Kind nur an extrem sonnenscheinintensiven oder an kalten Tagen eine Mütze aufsetzen. Hier zeigt sich deutlich, dass es egal ist, ob das Kind eine Kopfbedeckung hat oder nicht, sondern es viel mehr auf die Erwartungen der Eltern ankommt, ob diese

Bedeckung nötig ist.

Hast du schon einmal auf Produktbeschreibungen geachtet. Ist dein Shampoo für fettiges, normales, trockenes oder strapaziertes Haar? Für fettiges Haar bedeutet, dass dein Haar fettig(er) wird. Beim Shampoo für trockenes Haar wird dein Haar trocken. Was das Shampoo für strapaziertes Haar macht, schreibe ich lieber nicht. Also lieber zu dem Shampoo für normales Haar greifen. Achte beim nächsten Einkauf mal genau auf die Produktbeschreibungen.

Eine ebenfalls interessante Tatsache ist, dass viele Mädchen von ihren Müttern lernen, sich früh fertig zu machen. Dabei ist zwar vorrangig anziehen, Zähne putzen und Schminken gemeint. Unterbewusst wird damit jedoch der Grundstein gelegt, dass so viele Frauen mit ihrem Körper und / oder Aussehen unzufrieden sind. Damit deine Kinder, vor allem die Töchter, das später besser machen, sage lieber, was du noch genau machen musst, bevor ihr los könnt.

Selber aus dem Tief herauskommen

Stell dir deine eigene Frequenz als Leiter vor. Wenn dein Leben bis jetzt eher am Abgrund war, befindest du dich auf einer der unteren Stufen. Wenn das Leben ganz ok ist, wirst du etwa in der Mitte stehen. Wenn dein Leben der absolute

Wahnsinn ist und du nur wie auf Wolke Sieben schwebend durch den Tag gehst, befindest du dich ganz oben auf der Leiter.

Nehen wir an, du befindest dich in der Mitte. Wenn jetzt ein Tag kommt, an dem du dich eher auf der ganz unteren Stufe siehst, macht es keinen Sinn, wie die höchste Stufe ganz oben zu schwingen bzw. zu versuchen, direkt dort hinzukommen. In dem Fall lohnen sich kleine Schritte, wie du sie auch sonst auf der Leiter machen würdest. Oder hast du schon mal probiert von der untersten Stufe auf die ganz oberste Stufe zu springen?

Übung um von negativen Gefühlen zu positive zu gelangen:

Finde etwas, das sich ein Stück besser anfühlt als deine aktuellen Gefühle und was positiv formuliert ist. Wenn du auf der Stufe bist, dann finde eine andere Aussage, die sich wieder ein Stück besser anfühlt. So machst du es die ganze Zeit, bis du wieder glücklich bist.

Es hilft wenig, gleich ans obere Ende zu wollen.

Als Beispiel für die aktuelle Stimmung „Heute ist nicht mein Tag, alles geht schief." Das Ziel wäre eine Stimmung wie „Heute ist ein super Tag und es passieren nur positive Sachen". In dem Fall hilft die Aussage „heute ist kein super Tag, es passiert nichts positives" wenig. Viel besser ist, kleine Schritte auf der Leiter der Gefühle nach oben. „Heute ist nicht mein Tag, aber immerhin scheint die Sonne" oder etwas anderes, was die Laune hebt. Wenn das Gefühl dann besser geworden ist, geht es weiter mit „Heute ist immer noch nicht mein Tag, aber immerhin scheint die Sonne und es ist angenehm warm draußen". Das wird dann so lange gemacht, bis es am Ende doch ein super Tag ist und du wieder in der Mitte von der Leiter angekommen bist. Oder wo auf der Leiter du dich sonst befindest.

Wenn du dich in einer ungünstigen Situation befindest und da schnell rausmöchtest, hilft es Quatsch zu machen. Wenn es mit den Kindern mal nicht optimal läuft und ich merke, dass es etwas ist, was ich nicht will, fange ich an Grimassen zu schneiden, zu tanzen oder mich anderweitig komisch zu bewegen. Dadurch entspannt sich sofort die ganze Situation. Durch das Lachen sind wir alle gelassener und können noch einmal von vorne anfangen.

Eine andere Variante ist bewusstes Atmen. Vier Sekunden lang einatmen, sieben Sekunden lang die Luft anhalten und dann fünf Sekunden durch den Mund ausatmen. Danach wirst du dich ebenfalls ruhiger fühlen.

Du kannst in der Situation auch anfangen herzhaft zu gähnen. Das ist ebenfalls entspannend.

Der Kreis schließt sich

Wie du jetzt weißt, spielen deine Gefühle eine unmittelbare Rolle und bestimmen dein Leben. Das zählt sowohl für die kleinen wie großen Bestellungen beim Universum, aber vor allem für deinen Alltag und wie du gerne leben möchtest.

Das allerwichtigste ist: **Es darf leicht gehen!** Wenn es nicht leicht geht, ist es vermutlich nicht das Richtige.

Wenn etwas schwer zu erreichen ist, dann ändere erst einmal nur eine Kleinigkeit, etwas was dir leichtfällt. Danach kannst du weitere kleine Schritte zu deinem Traumziel machen. Kleine Veränderungen fallen leichter, wodurch du ganz leicht dein Ziel erreichst. Indem du dadurch deine innere Welt veränderst, ändert sich auch die äußere Welt. Diese folgt nur deiner inneren Einstellung. Mit kleinen Veränderungen kannst du so die komplette Welt verbessern.

Gesundheit

Gerade was Gesundheit betrifft, gibt es viele Glaubenssätze. Die meisten wurden ohne nachzudenken und vor allem ohne Überprüfung von anderen übernommen.

- „Wenn es kalt draußen ist und ich nicht warm angezogen bin, werde ich krank."

- „Wenn ich im Winter mit nassen Haaren rausgehe, bekomme ich eine Erkältung."

- „Wenn alle um mich herum erkältet sind, stecke ich mich an und bin krank."

- „Erst haben es die Kinder und dann wir Erwachsenen. Bei den Kindern ist es nach 2 Tagen vorbei, wir liegen dafür eine Woche flach."

- „Das haben alle Frauen / Männer in meiner Familie."

Die Schulmedizin hat beachtliche Erfolge erzielt. Vor allem in der Notfallmedizin und bei Operationen von Brüchen, der Behandlung von Verstauchungen und Ähnlichem.

Leider ist unser Gesundheitssystem selber erkrankt. Denn es wird nur an kranken Personen verdient. An gesunden Menschen können weder die Ärzte noch die Pharmaindustrie verdienen.

Über die eigentlichen Ursachen, wie Krankheiten entstehen, weiß die Schulmedizin leider gar nichts. Es werden nur Symptome behandelt und meist auch noch unterdrückt. Wenn wirklich klar wäre, wie Krankheiten entstehen, würde es nicht mehr Infektions**theorie**, sondern Infektionslehre heißen. Aber warum sind Ärzte, Krankenpfleger bzw. -schwestern nicht am meisten krank, wenn sie doch meist nur mit kranken Patienten zu tun haben? Warum werden alternative Heilansätze so sehr bekämpft, wenn sie doch eigentlich keine Gefahr darstellen?

Psychosomatik einer Erkrankung

Die deutsche Sprache hat schöne Redensarten für viele Krankheiten, die direkt zeigen, wo das Problem liegt.

Zum Beispiel:

- „Welche Laus ist dir denn über die Leber gelaufen?"

- „Wovon hast du die Nase voll?" bzw. „Was stinkt dir denn?"

- „Wem willst du etwas Husten?"

- „Wovor verschließt du die Augen?" bzw. „Was willst du nicht sehen?"

- Bei Kopfschmerzen bzw. Kopfzerbrechen steckt die Ursache schon im Namen, über irgendetwas wurde sich der Kopf sprichwörtlich zerbrochen und schmerzt jetzt.

- Schmerzen in den Ellenbogengelenken zeigen an, dass einem fehlt, sich mit den eigenen Ellenbogen durchzusetzen.

Die Liste lässt sich beliebig lang fortsetzen. Zu dem Thema

gibt es etliche verschiedene Bücher.

Neue Medizin

Ich habe mich längere Zeit intensiv mit der neuen (germanischen) Medizin oder auch Heilkunde nach Dr. Hamer beschäftigt. Seine Aussagen habe ich immer wieder bei meinem Umfeld und mir selber überprüfen können. Bei der germanischen Heilkunde wird statt von Krankheit von Sinnvollen Biologischen Sonderprogrammen (SBS) gesprochen, weil das bei allen Tieren und Menschen reproduzierbar ist. Die Sinnvollen Biologischen Sonderprogramme sind von der Natur dafür vorgesehen, bestimmte Fähigkeiten in einer konfliktbehafteten Situation auszubilden, um dieser Situation schnellstmöglich zu entfliehen. Leider sind diese Situationen in unserer modernen Welt viel länger aktiv, als es gut für den Organismus ist.

Wie alles zusammenhängt, ineinandergreift

Um den Ursprung einer Krankheit zu begreifen, ist es von Vorteil zu verstehen, wie alles miteinander zusammenhängt. Hier noch einmal die Zusammenfassung, welchen Ursprung Krankheiten haben können:

1. Möglichkeit: Durch einen Konflikt bzw. durch ein nicht verarbeitetes Thema, was durch den Körper „sichtbar" wird. Hier ist es vor allem sinnvoll, sich die seelische Seite

56

anzuschauen.

2. Möglichkeit: Durch einen (un-)bewussten Gedanken wic

- „Ich stecke mich nicht an."

- „Ich werde schon nicht krank, wenn ich mal leicht bekleidet ins Kalte gehe."

3. Möglichkeit: Durch individuelle / familiäre Glaubenssätze wie

- „Das haben bei uns alle in der Familie"

- „Das hatte schon mein Vater, mein Opa und sein Vater etc."

- „Das bekommen bei uns alle ab einem gewissen Alter"

- „Sobald im Auto / Flugzeug etc. die Klimaanlage an ist, bekomme ich einen Schnupfen."

4. Möglichkeit: Durch unbedarfte Aussagen von Ärzten, die nur der Schulmedizin vertrauen.

- „Die Krankheit ist nicht heilbar."

- „Da kann auch die Schulmedizin nichts machen."

- „Wir kennen selber nicht die Ursachen für diese Krankheit."

Leider wird mit solchen Aussagen mehr Schaden angerichtet, als den meisten Ärzten wohl bewusst sein wird.

Mein Wunsch ist es, dass du dir selber klar darüber wirst, woher deine Krankheiten kommen und wie du selber zu mehr Wohlbefinden gelangst.

Neue Glaubenssätze für mehr Wohlbefinden

Damit du die alten Denkweisen hinter dir lassen kannst, hier einige Beispiele für neue positive Glaubenssätze für mehr Wohlbefinden.

- „Meine Gesundheit ist ansteckender als deine Krankheit."
- „Ich bin gesund und bleibe gesund."
- „Die Krankheit betrifft nur die Person xy."

Sollte doch mal eine Unpässlichkeit im Anflug sein, hilft es sich zu sagen „Ich bin nicht gesund" statt „ich bin krank". Außer du möchtest lieber zu Hause im Bett liegen bleiben.

Quantenharmonisierung

Die Quantenharmonisierung ist eine schöne, effektive und einfache Methode, um zu mehr Wohlbefinden zu gelangen. Es ist möglich, damit die Gegenwart und sogar die Vergangenheit zu harmonisieren. Jeder kann die Methode anwenden, ganz leicht und jetzt sofort.

Das reine Bewusstsein ist überall und durchdringt alles. Alles existiert gleichzeitig. Deshalb ist es auch möglich, per Feinharmonisierung jemandem zu mehr Wohlbefinden zu verhelfen. Die Methode ist die Gleiche, egal ob jemand direkt neben bzw. vor einem sitzt bzw. steht oder über 1000km weit weg ist.

Bevor ich auf die einzelnen Schritte genau eingehe, möchte ich noch einige wichtige Anmerkungen machen, die es sich auf jeden Fall empfiehlt zu lesen.

Das Schöne ist, die Quantenharmonisierung kann jeder sofort durchführen und es kann nur Gutes passieren. Natürlich kann es ebenfalls vorkommen, dass gar nichts passiert. Das wäre bei der Quantenharmonisierung der schlimmste Fall. Dann war entweder die Intention nicht gut formuliert oder die Person benötigt ihre "Krankheit" weiterhin, z.B. um etwas zu Lernen (hier ist es sinnvoll, die Psychosomatik hinter der Krankheit genauer zu betrachten) oder auch um weiterhin

Hilfe zu erhalten bzw. einen anderen Vorteil aus der Krankheit zu ziehen. Den Grund zu finden und an der Stelle anzusetzen, wäre dann der ideale Weg. Ebenso kann es zu einer Erstverschlimmerung kommen, das aber zeigt, dass der Körper gerade gereinigt wird. Die behandelte Person sollte in dem Augenblick der Harmonisierung weder Auto fahren noch schwere Maschinen oder ähnliches betätigen, da es zu Schwindelanfällen kommen kann. Ansonsten muss die Person gar nichts machen, meist funktioniert es am besten, wenn sie nicht genau weiß, wann es gemacht wurde. Dadurch wird der Placebo Effekt verhindert. Sonst kann es vorkommen, dass die Person nach kleinen Veränderungen sucht, die sonst meist gar nicht aufgefallen wären.

Eine Bestandsaufnahme vor und nach der Behandlung, kannst du gerne machen, um zu prüfen ob der Schmerz auf der Werte Skala nach unten gerutscht ist. Meiner Erfahrung nach führt das aber eher dazu, dass das Ego der impulsgebenden Person, also in dem Fall du, denkt, es könnte heilen. Was natürlich nicht der Fall ist. Du, die impulsgebende Person, teilst mit der Intention dem reinen Bewusstsein mit, was wieder in Harmonie gebracht werden soll und wie diese Harmonie ausschaut. Das reine Bewusstsein kümmert sich dann darum diese Harmonie wiederherzustellen.

Das Schöne an der Quantenharmonisierung ist, dass du kein medizinisches Fachwissen benötigst. Es reicht zu wissen, was die Person möchte. Weil es nur positive Wirkung hat, kannst du gerne auch Formulierungen wie „<die Person> ist frei von <Name der Krankheit>" verwenden. Allerdings sollte die Person bei Gedanken über sich selber und ihre Gesundheit eine positive Formulierung nutzen, wie im Kapitel „Einleitung" beschrieben.

Bitte vorher unbedingt von der Schulmedizin abklären lassen, dass kein Notfall besteht, der sofort behandelt werden muss. Die Harmonisierung ersetzt keinen Arztbesuch!

Ablauf der Harmonisierung

1.   Dem reinen Bewusstsein eine Intention geben.

Bei der Intention ist die Formulierung egal, weil nur Positives entstehen kann. Das reine Bewusstsein ist pure Liebe. Deshalb funktionieren auch folgende Aussagen:

- „Das Knie ist flexibel, belastbar und schmerzfrei."

- „Die Schmerzen sind weg."

- „Die Ameisen / Fliegen sind weg aus der Küche."

Positiv formulierte Aussagen wirken aber am besten. Hier einige Beispiele:

- „Das Knie ist flexibel, belastbar und warm."
- „Der Arm ist voll einsatzfähig."

2. Sich konzentrieren und Ausgleich herstellen

Zu Anfang macht es sich am besten, mit der betroffenen Person zu arbeiten. Später kann auch eine andere Person oder ein Stofftier als Ersatz genommen werden.

Bei der Quantenharmonisierung kannst du so arbeiten, wie es für dich am angenehmsten ist. Ob du nur die Finger oder die ganze Hand benutzt um diese bei der anderen Person auf die Schulter oder die jeweiligen Körperstellen zu legen, ist dir selber überlassen. Natürlich funktioniert es auch, wenn du die andere Person gar nicht berührst. Am besten vertraust du deiner Intuition. Zu Beginn ist es empfehlenswert, wenn du dich hinter die Person stellst, weil das angeschaut werden irritieren könnte. Dann versuche, einen Ausgleich zwischen den beiden Fingern bzw. Händen herzustellen, was dazu dient, deine Gedanken zu bündeln und in eine Richtung zu lenken, damit sich der 3. Schritt einfacher durchführen lässt.

Während der Harmonisierung können die Hände schwer werden, als würdest du etwas Schweres halten.

3. Lücke zwischen den Gedanken finden

Wenn du schon Erfahrungen mit Meditation hast, kannst du an der Stelle deine Gedanken ausschalten bzw. die Lücke zwischen den Gedanken finden. Je mehr Übung du hast, desto länger schaffst du mit dem reinen Bewusstsein in Verbindung zu bleiben.

Auch wenn wieder andere Gedanken dazwischenkommen, beginnt die Harmonisierung, weil jeder Kontakt mit dem reinen Bewusstsein die Quanten in die entsprechende Schwingung versetzt, um zu harmonisieren.

Wenn du zu Anfang noch Probleme hast, deine Gedanken zur Ruhe zu bringen und die Lücke zwischen den Gedanken zu finden, kannst du dir eine der folgenden Fragen stellen:

- „Welche Farbe hat das Gefühl?"

- „Warum gibt es nicht nichts?"

- „Welcher Gedanke kommt als nächstes?"

- „Woher kommt der nächste Gedanke?"

- „Was kommt nach der Unendlichkeit?"

- „Wie klingt Stille?"

- „Wie riecht Luft?"

- „Wie riecht das Gefühl?"

Diese bewirken, dass die Gedanken ins Leere laufen, weil das Gehirn keine passende Antwort findet.

Diese Lücken zwischen den Gedanken, das reine Bewusstsein, sorgt dann dafür, dass die Quanten bei der anderen Person neu geordnet werden, um der entsprechenden Person so zu mehr Wohlbefinden zu verhelfen.

Wenn du die Augen schließt, siehst du eine Farbe

vorranging. Vermutlich grau, es kann aber auch rot, gelb oder jede andere beliebige Farbe sein. Am besten beobachtest du diese Farbe einfach und probierst in sie einzutauchen. Verschiedene Muster, Schwingungen, Bewegungen der Farbe kommen von ganz alleine. Während du diese einfach wahrnimmst und beobachtest, werden deine Gedanken stillstehen, du bist jetzt mit dem reinen Bewusstsein verbunden. Das reine Bewusstsein übermittelt den Quanten dann, was bei der anderen Person harmonisiert werden soll. Die Länge der Harmonisierung sagt wenig über die Ergebnisse aus. Das Wohlbefinden kann sofort einsetzen, es kann aber auch passieren, dass es einige Tage bis Wochen dauert. Meistens dann, wenn schon gar nicht mehr an die Harmonisierung gedacht wird.

Wenn gar nichts passiert, kann es sein, dass die Intention noch nicht perfekt gewählt wurde. Am besten noch einmal nachfragen, was die Person sich wünscht, wie der Idealzustand wäre.

Wenn du bei der Quantenharmonisierung leichte Hände hast, ist das entsprechende Thema bei der anderen Person ebenfalls nur leicht vorhanden und die Person ist generell sehr gesund. Das trifft vor allem auf (kleine) Kinder zu. Solltest du schwere Hände spüren, als würdest du etwas Schweres tragen, ist das Thema bei der anderen Person tief verwurzelt und benötigt eventuell weitere Harmonisierungen.

4. Muskelzuckungen als Signal zum Beenden

Bemerkst du Muskelzuckungen bei der anderen Person, kannst du davon ausgehen, dass die Harmonisierung begonnen hat. An dieser Stelle kannst du bereits aufhören. Vertraue auch hier deiner Intuition, ob du die Harmonisierung schon beenden sollst. Unterbrechungen sind ein Zeichen, dass es bei der anderen Person gerade nicht passt oder die Quantenharmonisierung ausgereicht hat. An der Stelle solltest du es ebenfalls liebevoll beenden.

5. Wiederholen / Weitermachen bei großen Krankheiten

Normale Harmonisierungen dauern etwa zwischen 2 und 5 Minuten. Bei größeren, schwerwiegenden Erkrankungen kannst du dich der Harmonisierung auch länger widmen, zum Beispiel um die 20 Minuten. Wenn die Person von der Schulmedizin schon aufgegeben wurde, dann zeigt täglich eine Stunde Quantenharmonisierung die größte Wirkung.

Wenn du andere harmonisierst, hast du den Vorteil, dass es dich selber auch harmonisiert. Es fühlen sich danach beide Personen besser. Nach einer Quantenharmonisierung bei dir selber kann es vorkommen, dass du dich eher schlapp und k.o. fühlst. Das ist normal und ändert sich, sobald alles neu harmonisiert wurde.

Von der Intention „Name der Person ist gesund" rate ich dringend ab. Sehr wahrscheinlich kommt es zu einer Erstverschlimmerung, welche auch über eine Woche andauern kann. Je nachdem, wie viele Krankheiten die Person hat bzw. hatte. Der Körper wird dann komplett gereinigt. Die meisten Menschen haben an der Stelle dann kein Verständnis mehr dafür. Denn sie wollten ja gesund sein und das möglichst schnell.

o Ich habe das einmal bei einer Bekannten, welche schon über 70 Jahre alt ist, gemacht und sie war dann über zwei Wochen krank.

Bei Kindern, vor allem wenn sie noch klein sind, kann die Intention gut genutzt werden. Ich wende sie vor allem an, wenn das Kind noch nicht genau beschreiben kann, wo es weh tut bzw. was das konkrete Problem ist. Kinder sprechen meist von Bauchschmerzen, wenn sie sich nicht in ihrer Mitte fühlen. Der eigentliche Schmerz kann aber auch im Kopf, Fuß oder anderen Körperstellen sitzen.

o Vorgeburtliche Themen können ebenfalls harmonisiert werden. Aber auch hier ist Vorsicht geboten. Bei der Intention „Bei Name der Person ist das vorgeburtliche Thema xyz harmonisiert" macht die Person die gesamte Geburt im Prinzip noch einmal durch. Ich habe das bei einer Freundin angewandt und sie hat es geschildert, dass sie sich den einen

Tag gefühlt hätte, als hätte sie jeden Tag in der Woche mehrere Stunden intensiv Sport gemacht.

Wenn eine Unpässlichkeit, Krankheit wiederkommt, sollte sich auf jeden Fall mit dem Thema dahinter beschäftigt werden. Der Körper zeigt einem dann sehr deutlich, an welcher Stelle die Seele zu Wort kommen will.

Natürlich könntest du einfach wieder eine Quantenharmonisierung machen, aber das löst das eigentliche Problem an dieser Stelle nicht. Maximal wird es auf einen späteren Zeitpunkt verschoben.

Gegenstände harmonisieren

So lange etwas nicht offensichtlich kaputt ist, kann es harmonisiert werden. Eine kaputte Scheibe kann es jedoch nicht wieder zusammensetzen.

Anregungen, was harmonisiert werden kann:

• Wasser, um es belebter und schmackhafter zu machen.

• Essen, damit die Nährstoffe besser aufgenommen werden können.

• Bei Allergien und Unverträglichkeiten kann das Essen harmonisiert werden, damit es besser bzw. komplett vertragen wird.

- Ein Auto, damit es besser anspringt und länger fährt.

- Das Gewicht, damit sich die Person wohlfühlt in ihrem Körper. Wenn sich die Person dann wohlfühlt, kommt die Gewichtsabnahme von ganz alleine.

- Ameisen aus der Küche / dem Haus wegbekommen.

- Pflanzen, damit diese besser wachsen und mehr Ertrag bringen.

- Fettige Haare, damit sie wie frisch gewaschen aussehen, ohne dass diese gewaschen wurden.

Das Wasser und Essen musst du natürlich nicht anfassen, es reicht aus, wenn deine Hände über oder neben dem Teller bzw. Glas sind und die Handflächen dorthin zeigen.

Für die Quantenharmonisierung gibt es viele Anwendungsmöglichkeiten. Versuche es selber und erweitere die Liste mit Dingen, die dir einfallen.

Portaltage

Schon die Maya kannten Tage, an denen die Schwingungsfrequenz höher ist als normal. Diese Tage sind Portaltage. An denen ist es besonders geeignet, Bestellungen beim Universum aufzugeben. Sie gehen dann meist schneller in Erfüllung.

Es gibt Menschen, die sich einfach nur müde und schlapp fühlen an diesen besonderen Tagen im Jahr. Andere hingehen merken diese höhere Schwingung und fühlen sich richtig beflügelt und haben jede Menge Tatendrang. Vor allem Kinder und Babys reagieren sensibel auf Portaltage. Meine kleinste Tochter schläft an Portaltagen viel mehr als sonst.

Bei mir klappen die Bestellungen beim Universum an Portaltagen besonders gut. Außerdem gibt es teilweise Expresslieferungen von Gedanken und das innerhalb von 5 Minuten! Die schnellen Lieferungen können natürlich auch an normalen Tagen passieren. Meist treten sie jedoch am Portaltagen auf. Zu Anfang ist das vielleicht erschreckend, vor allem wenn du gerade erst angefangen hast, auf deine Gedanken zu achten. Später nimmst du diese Expresslieferungen dann mit Humor, vor allem wenn wieder etwas anders lief als du gedacht hast.

Da es den Rahmen des Buches sprengen würde den Maya Kalender abzudrucken inkl. der Erklärung wie er gelesen wird. Es ist am einfachsten wenn du nach den aktuellen Portaltagen googelst.

Literaturverzeichnis

Byrne, Rhonda; *The Secret - Das Geheimnis*; Arkana; Auflage: 26 (27. September 2007)

Dilts, Robert B.; *Identität, Glaubenssysteme und Gesundheit*; Junfermann (1991)

Haag, Susanne; *NLP – Eine Einführung*; Schirner Verlag; Auflage: 6., (16. Februar 2007)

Schwarz, Aljoscha A. & Schweppe, Ronald P.; *Praxisbuch NLP – Denk dich nach vorn*; Südwest Verlag; Auflage: 10 (12. Dezember 2009)

https://www.fresh-academy.de/aktuelles-nlp-podcast/podcast-aktuell/ [11.10.2018]

negative Glaubenssätze schnell verändern & auflösen; https://www.mindvisory-seminars.de/nlp-wissen/nlp-grundlagen/glaubenssaetze-aendern/ [16.10.2018]

Bühnemann, Annika (2018); *Wie dich 6 Konten zur finanziellen Freiheit führen* [online] https://www.vomschreibenleben.de/6-konten-finanzielle-freiheit/ [14.10.2018]

Dahlke Rüdiger; *Krankheit als Symbol*; C. Bertelsmann, 19.Auflage [2007]

http://neue-medizin.de/ [26.09.2018]

https://gnm-wissen.de/ [24.09.2018]

Dr. Kinslow, Frank; *Quantenheilung: Wirkt sofort - und jeder kann es lernen*; VAK Verlag [2016]

Long, Fei; *Quantenheilung leicht gemacht: Wie sie funktioniert, wie sie wirkt, wie man sie jetzt anwendet*; Goldmann Verlag (15. Juli 2013)